BEI GRIN MACHT SICH IHR WISSEN BEZAHLT

Michael Kruse

Aus der Reihe: e-fellows.net schüler-wissen

e-fellows.net (Hrsg.)

Band 17

Tank oder Teller!? E10 und die Auswirkungen auf die globale Lebensmittelindustrie

GRIN Verlag

Bibliografische Information der Deutschen Nationalbibliothek:

Die Deutsche Bibliothek verzeichnet diese Publikation in der Deutschen National-
bibliografie; detaillierte bibliografische Daten sind im Internet über http://dnb.d-
nb.de/ abrufbar.

Impressum:

Copyright © 2013 GRIN Verlag GmbH
Druck und Bindung: Books on Demand GmbH, Norderstedt Germany
ISBN: 978-3-656-53726-7

Dieses Buch bei GRIN:

http://www.grin.com/de/e-book/264034/tank-oder-teller-e10-und-die-auswirkungen-
auf-die-globale-lebensmittelindustrie

Franziskusgymnasium Lingen
In den Strubben 11
49809 Lingen

[TANK ODER TELLER!?]
E10 UND DIE AUSWIRKUNGEN AUF DIE GLOBALE LEBENSMITTEL-INDUSTRIE

Facharbeit im Seminarfach
«Ethik in der Naturwissenschaft»

Verfasser
Michael Kruse

Abgabetermin
12. März 2013

1

Inhaltsverzeichnis

1. Vorwort

Zu Beginn meiner Recherchen zu dieser Facharbeit zum Thema E10 erklärt Deutschlands größte Tankstellenkette Aral die Einführung des Superkraftstoffes E10 in einem Pressegespräch mit der Zeitung „Die Welt" für gescheitert[1]. Der Vorstandsvorsitzende von Aral Deutschland, Stefan Brok sieht dabei E10 nicht mehr als Zukunftsprodukt.

Grund genug diese Aussage zu überprüfen – Ist E10 wirklich gescheitert oder ist in Zeiten immer stärker steigender Rohölpreise die Beimischung von Biokraftstoffen unverzichtbar? Dazu wird neben dem ökonomischen Faktor dieser Beurteilung das Augenmerk vor allem auf eine ökologische und ethische Betrachtung des Kraftstoffes – von der Ernte bis zum Tank – gehen.

Dabei werden in der vorliegenden Ausarbeitung zunächst die Themenbereiche Hunger, Anbaufläche und Lebensmittelpreise beleuchtet, um schließlich eine ethische Bewertung vorzunehmen.

2. Einleitung

2.1. Bioethanol – Eckdaten

Bioethanol ist ein Alkohol[2], der aus nachwachsenden Rohstoffen, bevorzugt zucker- und stärkehaltigen Feldfrüchten, vermehrt aber auch zellulosehaltigen Pflanzenbestandteilen hergestellt wird. In Deutschland ist die Zuckerrübe der wichtigste Zuckerlieferant, während Kartoffeln und Winterweizen die wichtigsten Rohstoffträger für Stärke darstellen.[3] Im internationalen Markt spielen zuckerhaltige Rohstoffe die dominierende Rolle bei der Ethanolerzeugung.[4]

---

[1] Vgl. http://www.welt.de/wirtschaft/article113429870/Aral-erklaert-E10-Einfuehrung-fuer-gescheitert.html (Abgerufen am 07.02.2013, 18:49 Uhr)
[2] Bioethanol entspricht Ethanol mit der chemischen Halbstrukturformel C_2H_5OH
[3] Vgl. *Schmitz, Norbert* (Hrsg.): Bioethanol in Deutschland. Münster (Landwirtschaftsverlag) 2003, S. 38
[4] Ebd. S. 38

In Deutschland gibt es im Frühjahr 2013 sieben Produktionsanlagen, welche sich überwiegend im Osten des Landes befinden.[5] Dabei werden nach Branchenangaben im deutschen Markt bei der Bioethanolproduktion etwa ein Drittel Zuckerrüben und zwei Drittel Futtergetreidesorten verwendet.[6]

2.2. Politischer Prozess der E10-Einführung

2.2.1. EU-Gesetzgebung

Die Einführung des Kraftstoffes E10 in Deutschland folgt der Erneuerbaren-Energien-Richtlinie[7] der EU. Diese ist eine Reaktion auf die, bis zum Inkrafttreten am 25. Juni 2009 gültige Richtlinie 2003/30/EG, welche von vielen Mitgliedsstaaten nicht oder nicht hinreichend umgesetzt wurde.

Diese neue Richtlinie besagt, dass bis 2020 mindestens 10 % des Endenergieverbrauchs im Mobilitätssektor aus erneuerbaren Energien stammen muss. Die Umsetzung dieser Richtlinie ist den EU-Mitgliedsländern freigestellt und so sind die Ansatzpunkte, wie das 10-Prozent-Ziel erreicht wird, innerhalb der europäischen Gemeinschaft unterschiedlich.

2.2.2. Umsetzung der Bundesregierung

Die Einführung von E10 wurde in der Bundesrepublik schon länger diskutiert. So wollte der damalige Bundesminister für Umwelt, Sigmar Gabriel, SPD schon 2008 einen Kraftstoff mit einem zehnprozentigen Anteil an Bioethanol einführen, verwarf dies jedoch im gleichen Jahr auf Grund der globalen Lebensmittelpreisanstiege[8]. Vollendet wurde die E10-Einführung durch die in 2.2.1 genannte EU-Richtlinie, welche für Deutschland durch Bundesminister Gabriel verhandelt wurde. Umgesetzt hat die Bundesregierung diese im Biokraftstoffquotengesetz[9],

---

[5] Vgl. http://www.bdbe.de/branche/marktdaten/ (Abgerufen am 19.02.2013, 15:08 Uhr)
[6] Ebd. (Abgerufen am 19.02.2013, 15:08 Uhr)
7 Richtlinie 2009/28/EG des Europäischen Parlaments und des Rates vom 23. April 2009 zur Förderung der Nutzung von Energie aus erneuerbaren Quellen und zur Änderung und anschließenden Aufhebung der Richtlinien 2001/77/EG und 2003/30/EG
[8] Vgl. http://www.faz.net/aktuell/politik/inland/bio-sprit-e10-unfreiwillige-wende-zum-gruenen-benzin-1607894.html (Abgerufen am 01.03.2013, 16:06 Uhr)
[9] Gesetz zur Einführung einer Biokraftstoffquote durch Änderung des Bundes-Immissionsschutzgesetzes und zur Änderung energie- und stromsteuerrechtlicher Vorschriften

welches eine Beimischungsquote von Biokraftstoffen von acht Prozent bis 2015 und zehn Prozent bis 2020 vorsieht.

Nach Ansicht der Bundesregierung gebe es keine andere Möglichkeit diese Ziele umzusetzen, als den Kraftstoff E10 einzuführen. Die Markteinführung erfolgte mit Beginn der Jahres 2011 an den deutschen Tankstellen.

2.3. Marktsituation

Bei den Verbrauchern stieß die Einführung von E10 auf Ablehnung. Auf der einen Seite hatten viele Verbraucher keinerlei Informationen, ob ihr Kraftfahrzeug den neuen Kraftstoff verträgt, auf der anderen Seite kritisierten viele Umweltverbände den Kraftstoff als „Greenwashing"[10].

Seit der Einführung vor gut zwei Jahren hat sich der Kraftstoff jedoch etabliert. Der Marktanteil betrug Ende 2012 14,64 Prozent, die Tendenz ist – auch auf Grund des Preisunterschiedes gegenüber konventionellem Superbenzin bei weiter steigenden Mineralölpreisen – ansteigend.

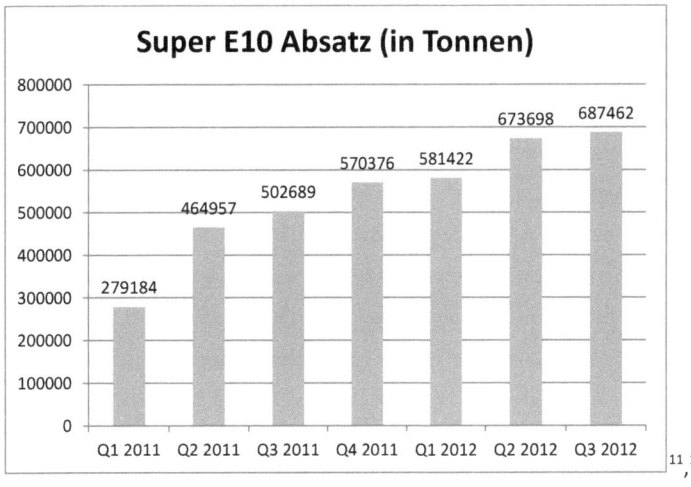

Super E10 Absatz (in Tonnen)[11] [12]

[10] Siehe auch 3.4. Öffentliche Kritik
[11] Daten nach
http://www.bafa.de/bafa/de/energie/mineraloel_rohoel/amtliche_mineraloeldaten/index.html
(Abgerufen am 07.03.2013, 18:35 Uhr)
[12] Q = Quartal

3. Hauptteil

3.1. Herkunft des Bioethanols

In Deutschland wurden 2011 nach Angaben der Bioethanolwirtschaft 0,58 Mio. Tonnen Bioethanol hergestellt. Rein rechnerisch sind somit bei einer bundesweiten Beimischung von ca. 1,24 Mio. Tonnen, etwa 0,66 Mio. Tonnen des für die Kraftstoffbeimischung eingesetzten Bioethanols importiert worden.[13] Daraus ergibt sich, dass Bioethanol zu 50 Prozent importiert wurde. Nach Angaben von Oxfam Deutschland waren 2010 die Hauptexportländer für Bioethanol in die EU, Brasilien mit 315,634 Mio. Litern und die USA mit 151,499 Mio. Litern, weitere große Exportländer sind Ägypten, Bolivien, Peru, Guatemala und der Sudan.[14] Offizielle Daten über die Herkunftsländer gibt es – auch auf telefonische Anfrage beim Bundesumweltamt, der Fachagentur für Nachwachsende Rohstoffe und dem Bundesamt für Wirtschaft und Ausfuhrkontrolle – nicht.[15] Diese würden nicht veröffentlich, heißt es aus den Behörden.

3.2 Betrachtung der landwirtschaftlichen Flächen

3.2.1. Landwirtschaftliche Flächen in Deutschland

Die landwirtschaftlich genutzte Fläche betrug in Deutschland 2011 16,7 Mio. ha. Davon wurden für die Bioenergie 2 Mio. ha, also in etwa zwölf Prozent, genutzt.[16] Darunter fallen neben den Flächen für Agrokraftstoffe auch diejenigen für Biogasanlagen. Da in Zukunft auf Grund der demografischen Entwicklung weniger landwirtschaftliche Flächen benötigt werden, um eine nationale Versorgung mit Lebensmitteln zu gewährleisten, und weil die Erträge sich durch modernere und rationalere Anbaumethoden weiter verbessern, ist es wahrscheinlich, dass weitere Anbauflächen für Bioenergie genutzt werden. Die Agrarindustrie spricht von einer Verdopplung der Flächen bis 2020 auf 4 Mio. ha.[17]

---

[13]Vgl. http://dipbt.bundestag.de/dip21/btd/17/106/1710617.pdf (Abgerufen am 07.03.2013, 20:04 Uhr)

[14] Vgl. http://www.oxfam.de/ethanol-grafiken (Abgerufen am 11.03.2013, 15:52 Uhr)

[15] Telefonkontakt am 11.03.2012 – Herr Jaschinski (UBA), Herr Mönch (FNR), Herr Kind (BAFA)

[16] Vgl. Agentur für Erneuerbare Energien e.V. (Hrsg.): Der volle Durchblick in Sachen Energiepflanzen. Berlin 2012, S.7

[17] Vgl. Ebd., S.6

Würde die Bundesrepublik alle benötigten Futter- und Nahrungsmittel selber produzieren, hätte Deutschland laut einer Studie des „Institute for European Environmental Policy" 2020 nur 1 Mio. ha landwirtschaftliche Nutzfläche zum Anbau von Energiepflanzen zur Verfügung.[18] Diese Tatsache muss man bei der Beurteilung des Kraftstoffes E10 mit in Erwägung ziehen.

3.2.2. Biosprittankstelle Brasilien?

Für die Anbauflächen außerhalb der EU gibt es keine dezidierten Forschungen und Studien. In das Blickfeld sollte aber Brasilien als weltweit größter Exporteur von Agrokraftstoffen gerückt werden. Der brasilianische Biokraftstoffmarkt wächst, die Regierung hat zum Ziel die Nummer eins des Weltmarktes zu werden und bis 2025 zehn Prozent des Ethanolbedarfes aus heimischem Zuckerrohr zu decken.[19] Notwendig wäre dafür ein Verfünffachen der Anbaufläche auf 30 Mio. ha. Zum Vergleich: Dies entspräche der weltweiten Anbaufläche an Energiepflanzen im Jahre 2007[20]

Die benötigte Fläche wird in Brasilien, wie auch in vielen anderen Schwellen- und Entwicklungsländern auf zwei Arten gewonnen. Zum einen haben Anbauflächen für Grundnahrungsmittel zwischen 1990 und 2005 stark abgenommen, während auf ebendiesen nun Energie- und Futterpflanzen angebaut werden.[21] Zum anderen sollen nach Regierungsplänen auch Naturschutzgebiete in die Planungen von Plantagen miteinbezogen werden. Dieses lässt Bodenerosion und Wasserknappheit durch wasserintensive Zuckerrohrplantagen befürchten. Zudem ist durch eine Rodung von Regenwaldgebieten die Klimabilanz der Biokraftstoffe schlechter.

---

[18] Vgl. http://www.ieep.eu/assets/786/Analysis_of_ILUC_Based_on_the_National_Renewable_Energy_Action_Plans.pdf, S.7 (Abgerufen am 11.03.2013, 17:17 Uhr)

[19] *Bommert, Wilfried*: Bodenrausch: Die globale Jagd nach den Äckern der Welt. Köln (Eichborn) 2012, S.218

[20] Vgl. Agentur für Erneuerbare Energien e.V. (Hrsg.): Der volle Durchblick in Sachen Energiepflanzen, S.6

[21] Vgl. *Misereor*: Biokraftstoff E10, Positionspapier. 12.05.2011

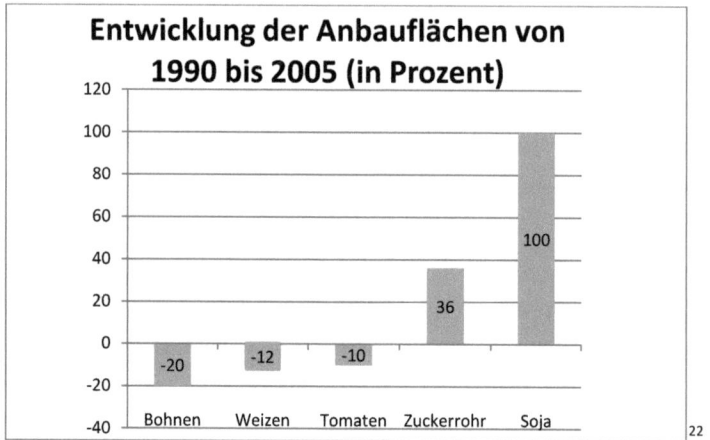

[22]

3.2.3. Landgrabbing am Beispiel Addax & Oryx

Die Entwicklung zu größeren Anbauflächen geht einher mit dem sogenannten Landgrabbing. Durch Subventionen und den steigenden Ölpreis angetrieben, pachten oder kaufen Banken, Versicherungen, Staaten oder eben auch Biosprit-konzerne[23] immer größere Flächen in Schwellen- und Entwicklungsländern.

Das Beispiel der Aktivitäten des schweizer Öl-Unternehmens Addax & Oryx in Sierra Leone[24] steht dabei exemplarisch für viele der über 1,5 Mrd. ha Ackerland, die allein in Sierra Leone seit 2000 von Großinvestoren erworben wurden. Auf dem Internetauftritt des Unternehmens ist von Werten beim Investment die Rede; unter anderem von „Pricipled" – Mit hohen Grundsätzen: „We are shrewd operators, but we never compromise our principles, which are based on strong ethics and mutual respect. We are fair, honest, direct and transparent in our dealings and do not tolerate prejudice, discrimination or dishonesty."[25]

Während hier von Ehrlichkeit, Respekt und Ethik gesprochen wird, sind die Investitionen von 275 Mio. US-Dollar in einer Zuckerrohr-Ethanol-Anlage das kom-

---

[22] Vgl. Ebd.

[23] Vgl. *Bahn, Evelyn; Kaphengst, Timo*: Land Grabbing: Der globale Wettlauf ums Agrarland. Hamburg (VSA) 2012, S. 22

[24] Vgl. http://www.addaxbioenergy.com/uploads/PDF/Addax_Bioenergy_FAQ_April_2012.pdf (Abgerufen am 11.03.2013 um 19:31 Uhr)

[25] http://www.aoginvest.com/en/aog-capital-investment/values-4.php (Abgerufen am 11.03.2012, 19:28 Uhr)

plette Gegenteil gewesen: Es wurden zwei Dörfer ohne ausreichende Entschädi-
gungen vertrieben, die Wasserversorgung der Region wurde in Teilen zerstört
und statt 2000 versprochenen Beschäftigten, arbeiteten in Spitzenzeiten 700
Menschen auf der Anlage.[26] Dieses wurde durch eine unabhängige Studie[27] der
Wissenschaftler Comos Abiwu und Mike Anane aufgedeckt und nachgewiesen.

3.2.4. Szenario der Eigenbedarfsdeckung

Um die Dimensionen dieser Entwicklungen zu erfassen, ist das Beispiel der Eigenbedarfsdeckung sehr anschaulich. Würden die Industriestaaten[28] ihren Treibstoffverbrauch zu 20 Prozent aus Biokraftstoffen stillen, benötigten sie 120 Mio.
ha Anbaufläche – dies ist mehr als das Siebenfache der gesamten deutschen
landwirtschaftlichen Nutzflächen.[29] Sollte der gesamte Treibstoffverbrauch aus
Agrokraftstoffen gedeckt werden, wäre eine Fläche von über 600 Mio. ha notwendig, bei einer Gesamtfläche von 1,3 Mrd. ha nutzbarem Ackerland bedeute
dies, dass knapp die Hälfte der Weltackerflächen für die Mobilität der Industrieländer bewirtschaftet würde[30]. An eine Eigenbedarfsdeckung kann man anhand
dieser Zahlen nicht denken.

Zusätzlich ist die Wirtschaftlichkeit von Biokraftstoffen nach Berechnungen der
Forscher Sarah Pilgrim und Mark Harvey der Universität Essex negativ, sodass
Biokraftstoffe dem Wohlstand einer Volkswirtschaft schaden.[31]

3.3. Entwicklung der Lebensmittelpreise seit 1990

Die folgende Kurve stellt die Entwicklung der Lebensmittelpreise seit 1990 gra-
fisch dar:

---

[26] Vgl. *Abiwu, Cosmos; Anane, Mike*: Independent study report of the Addex Bioenergy sugarcane-to-ethanol project in the Makeni region in Sierra Leone. 2011, S.47ff.
[27] Ebd.
[28] Als Industriestaaten werden hier die OECD-Staaten genannt.
[29] Vgl. Agentur für Erneuerbare Energien e.V. (Hrsg.): Der volle Durchblick in Sachen Energiepflanzen, S.6
[30] Vgl. *Mathews, John A.*: Biofuels: What a biopact between North and South could achieve, Macquarie University, NSW 2109. Sydney, 2007
[31] Vgl. *Harvey, Mark; Pilgrim, Sarah*: The new competition for Land. Colchester 2010, S.9

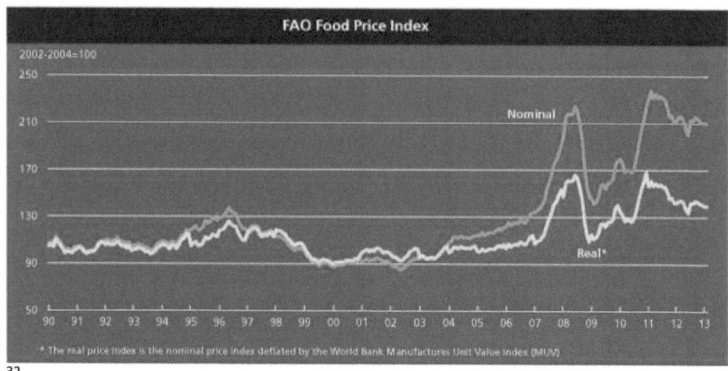

Auffällig ist bei der Betrachtung, dass der von der Ernährungs- und Landwirtschaftsorganisation der Vereinten Nationen ermittelte Food Price Index[33] seit 2007 einen im Vergleich zu den Vorjahren extremen Anstieg zu verzeichnen hat. Das Niveau vor der mit Einbrüchen der Lebensmittelpreise einhergehenden Weltwirtschafts- und Finanzkrise wurde schon nach drei Jahren im Jahr 2011 wieder übertroffen.

Gründe für diese Entwicklung sind vielschichtig. Die fünf wichtigsten sind hier aufgelistet:

a) Spekulationen: Banken und Versicherungskonzerne spekulieren auf Lebensmittel. In sogenannten Agrar- und Indexfonds wird auf Preissteigerungen spekuliert, um eine größtmögliche Kapitalvermehrung zu verzeichnen. Durch die niedrigen Zinsen legen viele Menschen ihr Geld auch in Agrar-Rohstoffe an. Durch die hohe Nachfrage steigen die Preise zusätzlich.

b) Schwellenländer: Durch ihr starkes Wirtschaftswachstum hat sich in Schwellenländern wie Indien und China eine Mittelschicht herausgebildet. Diese möchte nach westlichem Vorbild konsumieren und treibt durch diese neue starke Kaufkraft die Lebensmittelpreise an.

---

[32] http://www.fao.org/fileadmin/templates/worldfood/images/home_graph_3.jpg (Abgerufen am 11.03.2013, 20:26 Uhr)
[33] Der Food Price Index umfasst die Entwicklung der Weltmarktpreise von 55 Agrarrohstoffen und Nahrungsmitteln.

c) Missernten: Auf Grund von Überschwemmungen, Dürren, Bränden oder ähnlichen Umweltkatastrophen sind in den vergangenen Jahren viele Ernteausfälle zu verzeichnen gewesen.

d) Vernichtung von Ackerflächen: Durch Überdüngung, Versalzung durch Bewässerung und Austrocknung werden sukzessive Acker- und damit Ernteflächen nachhaltig vernichtet, die Erntemenge sinkt dadurch.

e) Biokraftstoffe: Am Beispiel Mais lässt sich einfach zeigen, wie Preissteigerungen durch eine zusätzliche Nachfrage entstehen. 40 Prozent der Maisproduktion der USA werden für Agrotreibstoffe verwendet, was eine Verdopplung der Börsen-Maispreise seit 2009 hervorgerufen hat.[34]

3.3.1. Zusammenhang zwischen Agrotreibstoffen und Lebensmittelpreisen

Die Einwirkungen der Biokraftstoffe auf die Lebensmittelpreise sind also nicht alleinig ausschlaggebend, jedoch spielen sie mit eine entscheidende Rolle bei den Preissteigerungen.

Vor allem der Zuckerindex hat sich seit 2000 mehr als verdreifacht, was auf die Ethanolproduktion aus Zuckerrohr in Brasilien und Afrika zurückzuführen ist. Im Jahr 2011 betrug er zwischenzeitlich mehr als das Vierfache. Auch der Öl- und Fett-Index beträgt im Februar 2013 im Vergleich zu 2000 das 3,5-fache. Der Grund hier ist unter anderem die Produktion von Raps und anderen Saatpflanzen für Biodiesel. Der Getreideindex hat sich in diesem Zeitraum mehr als verdoppelt. Hier lässt sich dieses auf die Verwendung von Getreide für Bioethanol zurückführen. Nachgelagert lässt es sich auch auf den Fleischindex, welcher sich ebenfalls verdoppelt hat, übertragen, da US-Futtermais für die Bioethanolproduktion genutzt wird.[35]

3.3.2. Beispiel „Tortillakrise"

Mit Beginn des Jahres 2007 sind in Mexiko die Preise für Grundnahrungsmittel, insbesondere Maismehl, enorm angestiegen. Der Preis der daraus hergestellten

[34] Vgl. http://www.stern.de/wirtschaft/news/steigende-lebensmittelpreise-warum-unser-essen-immer-teurer-wird-1684415.html (Abgerufen am 11.03.2013 um 20:49 Uhr)
[35] Vgl. http://www.fao.org/worldfoodsituation/wfs-home/foodpricesindex/en/ (Abgerufen am 11.03.2013, 21:02 Uhr)

Tortillas stieg binnen weniger Monate um bis zu 400 Prozent. Für viele Mexika-
ner der unteren Einkommensschichten bedeutete dies Hunger, denn sie konnten
die Preise für Lebensmittel nicht mehr bezahlen. Wenn ein Kilo der Teigwaren
plötzlich zwanzig Peso statt fünf kostet, ist dies für eine achtköpfige Familie, welche weniger als 50 Peso am Tag zur Verfügung hat, eine Katastrophe.[36]

Grund dafür war die zu diesem Zeitpunkt stark wachsende Bioethanolproduktion
in den USA. Durch die ungewöhnlich große Maisnachfrage stieg der Weltmarkt-
preis in den Monaten zuvor um ein Vielfaches an.[37] Zusätzlich wurde dieses Prob-
lem durch zwei Faktoren verschärft. Die Eigenproduktion von Mais ist auf Grund
der mageren Wirtschaftlichkeit in Mexiko gering, zusätzlich haben viele Agrar-
wirte ihren Mais zu hohen Preisen auf dem Weltmarkt verkauft. Der zweite Faktor sind die US-Subventionen von durchschnittlich 28 US-Cent pro Liter Bioethanol.[38]

Dieses Beispiel veranschaulicht, wie sehr die Bioethanolproduktion Einfluss auf
die Lebensmittelindustrie hat. Zum einen ist es für Landwirte rentabler für den
Energiesektor anstatt für die Lebensmittelindustrie zu produzieren, dadurch ver-
schieben sich die Anbaukulturen. Zum anderen zieht diese Verknappung des An-
gebots zwingend eine Preissteigerung mit sich.

3.4. Öffentliche Kritik

Die Einführung des Kraftstoffes E10 hat neben zahlreicher Kritik der Bevölkerung
auch die vieler Umweltschutz- und Hilfsorganisationen hervorgerufen. Grund
dafür ist neben der letztendlichen Umweltbilanz, welche hier nicht weiter the-
matisiert wird, die angebliche Konkurrenz zwischen Tank und Teller.

Die Hilfsorganisation Oxfam[39] kritisiert, Biokraftstoff sorge dafür, dass viele
Kleinbauern in Schwellen- und Entwicklungsländern durch Großinvestoren ver-
drängt würden und die Ernährungssicherheit in diesen Ländern dadurch nachhal-

---

[36] Vgl. http://www.faz.net/aktuell/wirtschaft/konjunktur/preise-tortilla-krise-in-mexiko-
1409441.html (Abgerufen am 11.03.2013, 21:22 Uhr)
[37] Vgl. http://www.finanzen.net/rohstoffe/maispreis (Abgerufen am 11.03.2013, 21:38 Uhr)
[38] *Global Subsidies Initiative*: Biofuels: At what cost?. Genf 2007
[39] Oxfam ist eine unabhängige Hilfs- und Entwicklungsorganisation und wurde 1995 gegründet.

tig gefährdet würde. Zudem könnten durch die für die Bioethanolproduktion verwendeten Rohstoffe 127 Mio. Menschen ein ganzes Jahr satt werden.[40]

Greenpeace[41] stellt ähnliche Aussagen auf und fordert das sofortige Verbot von E10. Der Kraftstoff verschärfe den Hunger in der Welt. Anstoß der Forderung war im Sommer 2012 die weltweite Getreideknappheit.[42]

Neben den Umweltorganisationen hatte sich im Sommer 2012 auch der Bundesminister für wirtschaftliche Zusammenarbeit und Entwicklung, Dirk Niebel, FDP für einen sofortigen Stopp des Biokraftstoffes ausgesprochen. Dieser hatte auf seiner Westafrika-Reise die Hungerproblematik erkannt und angesichts der sinkenden Bestände in den Getreidelagern ein E10-Aus gefordert. Die Lebensmittelversorgung habe Vorrang vor dem Mobilitätssektor.[43]

4. Schluss

4.1. Politische Reaktionen

Angesichts der Problematik zwischen der Produktion von Lebensmitteln und Pflanzen als Rohstoff wurde seitens des Gesetzgebers die Biokraftstoff-Nachhaltigkeitsverordnung[44] verabschiedet. Diese besagt, dass Energiepflanzen für Biokraftstoffe nicht auf Flächen mit „hohem Naturschutzwert"[45] oder „hohem Kohlenstoffbestand"[46] angebaut werden dürfen, darüber hinaus ist eine „nachhaltige landwirtschaftliche Bewirtschaftung"[47] nachzuweisen.

Des Weiteren will die EU Subventionen für Biokraftstoffe aus möglichen Nahrungs- und Futtermitteln stoppen und den Anteil dieser Biokraftstoffe auf nun-

---

[40] Vgl. http://www.oxfam.de/publikationen/biosprit-hunger (Abgerufen am 11.03.2013, 22:37 Uhr)
[41] Greenpeace wurde von Friedensaktivisten 1971 gegründet und ist eine Umweltschutzorganisation.
[42] Vgl. http://www.handelsblatt.com/politik/deutschland/streit-um-biosprit-greenpeace-fordert-sofortiges-e10-verbot/7016896.html (Abgerufen am 11.03.2013, 22:46 Uhr)
[43] Vgl. http://www.stern.de/politik/deutschland/explodierende-lebensmittelpreise-erster-minister-will-biosprit-e10-abschaffen-1879225.html (Abgerufen am 11.03.2013, 22:52 Uhr)
[44] Verordnung über Anforderungen an eine nachhaltige Herstellung von Biokraftstoffen
[45] Ebd. §4
[46] Ebd. §5
[47] Ebd. §9

mehr fünf Prozent begrenzen. Weitere fünf Prozent sollen aus Biokraftstoffen der zweiten Generation[48] aus Algen und Stroh hergestellt werden.[49]

4.2. Auswirkungen auf die Lebensmittelindustrie

Der Kraftstoff E10 beeinflusst über den Herstellungsprozess des Bioethanols die Lebensmittelindustrie:

a) Durch die Konkurrenz zwischen den Abnehmern der Rohstoffe steigen die Lebensmittelpreise weltweit seit mehreren Jahren stark an.

b) Landgrabbing als Folge des rentablen Bioethanolmarktes sorgt für eine Verelendung von Kleinbauern und deren Existenz. Dies zieht eine Zerstörung der lokalen Lebensmittelversorgung mit sich und sorgt für Abhängigkeiten von Lebensmittelimporten.

c) In den Ethanol exportierenden Staaten konkurrieren die Flächen von Lebensmitteln und Energiepflanzen zu Gunsten der ökonomisch rentableren Energiepflanzen; dies hat eine Verringerung der Lebensmittelanbauflächen bei steigender Weltbevölkerung zur Folge.

d) Die Böden verlieren durch exzessive Anbauweisen, Monokulturen und Überdüngung an Nährstoffen, was eine weitere Verknappung der weltweiten Anbauflächen zur Folge hat.

e) Monokulturen sorgen dafür, dass die Biodiversität abnimmt und die Natur an Vielfalt verliert.

4.3. Ethische Beurteilung

Um den Biokraftstoff E10 abschließend unter ethischen Gesichtspunkten zu beurteilen muss man zwischen Klimaschutz und Unabhängigkeit von Erdölimporten auf der einen Seite und den Folgen dieser Entwicklung auf der anderen Seite abwägen.

---

[48] Biokraftstoffe der zweiten Generation beschreiben eine Fortentwicklung der Bioethanolproduktion, bei welcher anstatt von stärke- oder zuckerhaltigen Pflanzen, Algen, Stroh und Zellulose für die Gewinnung von Bioethanol verwendet werden. Diese Technologie befindet sich noch in der Entwicklungsphase.

[49] Vgl. http://ec.europa.eu/commission_2010-2014/oettinger/headlines/news/2012/10/20121017_biofuel_en.htm (Abgerufen am 11.03.2012, 23:11 Uhr)

Jeder Staat muss seinen Anteil am Klimaschutz leisten, in jedem Bereich, auch dem Mobilitätssektor. Wie zuvor schon angesprochen ist die ökonomische Bilanz der Beimischung von Bioethanol in Kraftstoffe negativ, die Volkswirtschaft selbst zahlt den Preis für eine ökologischere Zukunft. Das scheint plausibel und nachvollziehbar, schließlich wird die Energiewende laut dem Bundesminister für Umwelt, Peter Altmaier, CDU über eine Billionen Euro kosten.[50] Jedoch gilt das Argument der Ökologie nur bis zur Betrachtung der Klimabilanz von E10, ist diese in einigen Fällen auf Grund von intensiver Düngung, Rodung von Regenwäldern oder Transportemissionen schlechter, als die des herkömmlichen Kraftstoffes.

E10 kann nur dann ökologisch sinnvoll sein, wenn es auch nur dort produziert wird, wo die Ökobilanz stimmt. Dafür benötigt es jedoch nicht starrer Quoten (hier die zehn Prozent) sondern flexibler Anreize und Förderungen. Es ist ethisch nicht vertretbar, wenn für die Klimabilanz der Industrieländer in den Schwellen- und Entwicklungsländern Wälder gerodet werden.

Genauso wenig entsprechen Methoden wie das Landgrabbing ethischen, wie moralischen Maßstäben. Es ist aus ethischer Betrachtungsweise falsch, dass für die Erfüllung von EU-Richtlinien in Afrika die Kleinbauern ihre Existenzgrundlage verlieren und dortige kleine wirtschaftliche Zusammenhänge durch Großinvestoren zerstört werden. Dies ist unanständig und steht in keinem Verhältnis zum Zweck, nämlich der Begrenzung des Ausstoßes von Kohlenstoffdioxid.

Wenn man der zweiten Maxime der Bioethanolproduktion folgt, dass die Welternährung davon nicht in Mitleidenschaft gezogen werden dürfe, ließe sich die Produktion in dieser Menge kaum erfüllen. Zwischen Tank und Teller kann es nämlich auf unserer Erde mit begrenzter landwirtschaftlicher Anbaufläche kein Nebeneinander im Einklang geben. Nicht, wenn man die wachsende Nachfrage nach Fleisch in den Schwellenländern berücksichtigt, welche einen zusätzlichen Anbau an Futterpflanzen nötig macht und erst recht nicht, wenn man das Wachstum der Weltbevölkerung mit berücksichtigt.

[50] Vgl. http://www.spiegel.de/politik/deutschland/altmaier-energiewende-koennte-eine-billion-euro-kosten-a-884411.html (Abgerufen am 11.03.2013, 23:59 Uhr)

So muss der Gesetzgeber abwägen, wie viel Konkurrenz zwischen Teller und Tank möglich ist. Es muss eine Abwägung zwischen Ernährung und Biokraftstoffen, aber keine Abwägung zwischen Ernährungssicherheit und Klimaschutz stattfinden.

Für einen nachhaltigen Klimaschutz im Mobilitätssektor benötigt es neben ökologisch und human vertretbar angebauten Energiepflanzen auch einer technischen Entwicklung, hin zu Fahrzeugen, die noch weniger Treibstoffe verbrauchen. So kann das Geld, welches bis dato für Subventionen in den Energiepflanzensektor verwendet wurde, in die Forschung und Entwicklung einer zukunftsweisenden, umweltfreundlichen Fortbewegung umgeschichtet werden.

E10 in seiner jetzigen Form ist aus ethisch-moralischer Sicht aus den genannten Punkten nicht vertretbar. Bioethanol der ersten Generation, wie er jetzt vorliegt, kann nur eine Übergangslösung sein. Es benötigt der Marktreife von Biokraftstoff der zweiten Generation aus Algen, Stroh und Zellulose, welche nicht mit dem Teller konkurrieren. Damit könnten der globale Kohlenstoffdioxidausstoß wirklich gesenkt und eine echte Koexistenz von Tank und Teller sichergestellt werden. Denn zum jetzigen Zeitpunkt muss man das Fragezeichen der Titelfrage „Tank oder Teller!?" streichen, da keine Koexistenz möglich ist.

5. Anhang

5.1. Bildquellenverzeichnis

Logo: http://www.franziskusgymnasium.de/wp-content/themes/fg/assets/img/logo.png

5.2. Literaturverzeichnis

Abiwu, Cosmos; Anane, Mike: Independent study report of the Addex Bioenergy sugarcane-to-ethanol project in the Makeni region in Sierra Leone. 2011

Agentur für Erneuerbare Energien e.V. (Hrsg.): Der volle Durchblick in Sachen Energiepflanzen. Berlin 2012

Agentur für Erneuerbare Energien e.V. (Hrsg.): Der volle Durchblick in Sachen Bioenergie. Berlin 2010

Bahn, Evelyn; Kaphengst, Timo: Land Grabbing: Der globale Wettlauf ums Agrarland. Hamburg (VSA) 2012

Bommert, Wilfried: Bodenrausch: Die globale Jagd nach den Äckern der Welt. Köln (Eichborn) 2012

Global Subsidies Initiative: Biofuels: At what cost?. Genf 2007

Fachagentur Nachwachsende Rohstoffe e. V. (Hrsg.): Biokraftstoffe - Eine vergleichende Analyse. Gülzow 2009

Harvey, Mark; Pilgrim, Sarah: The new competition for Land. Colchester 2010

Kruchem, Thomas: Der große Landraub: Bauern wehren sich gegen Agrarinvestoren. Frankfurt (Main) (Brandes und Apsel) 2012

Mathews, John A.: Biofuels: What a biopact between North and South could achieve, Macquarie University, NSW 2109. Sydney, 2007

Misereor: Biokraftstoff E10, Positionspapier. 12.05.2011

Schmitz, Norbert (Hrsg.): Bioethanol in Deutschland. Münster (Landwirtschaftsverlag) 2003

5.3. Verzeichnis der Anmerkungen

Die Internetquellen sind nach ihrer Verwendung in der Facharbeit aufgelistet.

1. Dierig, Carsten: Aral erklärt E10-Einführung für gescheitert, http://www.welt.de/wirtschaft/article113429870/Aral-erklaert-E10-Einfuehrung-fuer-gescheitert.html (Abgerufen am 07.02.2013, 18:49 Uhr)

2. Bundesverband der deutschen Bioethanolwirtschaft: Marktdaten - Die deutsche Bioethanolwirtschaft in Zahlen, http://www.bdbe.de/branche/marktdaten/ (Abgerufen am 19.02.2013, 15:08 Uhr)

3. Appel, Holger; Kafsack, Hendrik; Weber, Lukas: Unfreiwillige Wende zum grünen Benzin, http://www.faz.net/aktuell/politik/inland/bio-sprit-e10-unfreiwillige-wende-zum-gruenen-benzin-1607894.html (Abgerufen am 01.03.2013, 16:06 Uhr)

4. Bundesamt für Wirtschaft und Ausfuhrkontrolle: Amtliche Mineralöldaten, http://www.bafa.de/bafa/de/energie/mineraloel_rohoel/amtliche_mineraloeldaten/index.html (Abgerufen am 07.03.2013, 18:35 Uhr)

5. Deutscher Bundestag: Drucksache 17/10617 - Bericht zur Steuerbegünstigung für Biokraftstoffe 2011, http://dipbt.bundestag.de/dip21/btd/17/106/1710617.pdf (Abgerufen am 07.03.2013, 20:04 Uhr)

6. Oxfam: EU-Ethanol-Importe 2010, http://www.oxfam.de/ethanol-grafiken (Abgerufen am 11.03.2013, 15:52 Uhr)

7. Bowyer, Catherine: Anticipated Indirect Land Use Change Associated with Expanded Use of Biofuels and Bioliquids in the EU – An Analysis of the National Renewable Energy Action Plans, http://www.ieep.eu/assets/786/Analysis_of_ILUC_Based_on_the_National_Renewable_Energy_Action_Plans.pdf, S.7 (Abgerufen am 11.03.2013, 17:17 Uhr)

8. Addax Bioenergy: Q&A: Addax Bioenergy sugarcane ethanol project in Makeni, Sierra Leone, http://www.addaxbioenergy.com/uploads/PDF/Addax_Bioenergy_FAQ_April_20 12.pdf (Abgerufen am 11.03.2013 um 19:31 Uhr)

9. AOG Capital Investments: Values, http://www.aoginvest.com/en/aog-capital-investment/values-4.php (Abgerufen am 11.03.2012, 19:28 Uhr)

10. Ott, Friederike: Warum unser Essen immer teurer wird, http://www.stern.de/wirtschaft/news/steigende-lebensmittelpreise-warum-unser-essen-immer-teurer-wird-1684415.html (Abgerufen am 11.03.2013 um 20:49 Uhr)

11. Food and Agriculture Organization of the United Nations: FAO Food Price Index, http://www.fao.org/worldfoodsituation/wfs-home/foodpricesindex/en/ (Abgerufen am 11.03.2013, 21:02 Uhr)

12. Tigges, Claus: Tortilla-Krise in Mexico, http://www.faz.net/aktuell/wirtschaft/konjunktur/preise-tortilla-krise-in-mexiko-1409441.html (Abgerufen am 11.03.2013, 21:22 Uhr)

13. Finanzen.net: Kursentwicklung Mais, http://www.finanzen.net/rohstoffe/maispreis (Abgerufen am 11.03.2013, 21:38 Uhr)

14. Oxfam Deutschland: Das Hunger-Getreide, http://www.oxfam.de/publikationen/biosprit-hunger (Abgerufen am 11.03.2013, 22:37 Uhr)

15. dpa: Greenpeace fordert sofortiges E10-Verbot, http://www.handelsblatt.com/politik/deutschland/streit-um-biosprit-greenpeace-fordert-sofortiges-e10-verbot/7016896.html (Abgerufen am 11.03.2013, 22:46 Uhr)

16. Ismar, Georg: Erster Minister will Biosprit E10 abschaffen, http://www.stern.de/politik/deutschland/explodierende-lebensmittelpreise-

erster-minister-will-biosprit-e10-abschaffen-1879225.html (Abgerufen am 11.03.2013, 22:52 Uhr)

17. Öttinger, Günther: New Commission proposal on biofuel production, http://ec.europa.eu/commission_2010-2014/oettinger/headlines/news/2012/10/20121017_biofuel_en.htm (Abgerufen am 11.03.2012, 23:11 Uhr)

18. dpa: Teure Energiewende: Altmaier warnt vor Kosten von einer Billionen Euro, http://www.spiegel.de/politik/deutschland/altmaier-energiewende-koennte-eine-billion-euro-kosten-a-884411.html (Abgerufen am 11.03.2013, 23:59 Uhr)

Die Internetquellen sind in der CD digital in voller Länge als Ergänzung des Anhanges beigefügt. Zum Öffnen ist ein PDF-Reader notwendig.

5.4. Abkürzungsverzeichnis

BAFA   Bundesamt für Wirtschaft und Ausfuhrkontrolle

CDU   Christlich Demokratische Union

dpa   Deutsche Presse Agentur

EU   Europäische Union

E10   Kraftstoff mit zehnprozentiger Bioethanolbeimischung

FDP   Freie Demokratische Partei

FNR   Fachagentur für Nachwachsende Rohstoffe

ha   Hektar

Mio.   Millionen

Mrd.   Milliarden

SPD   Sozialdemokratische Partei Deutschlands

UBA   Umweltbundesamt

US   Vereinigte Staaten von Amerika

USA   Vereinigte Staaten von Amerika